CENDRILLON,

OPERA-COMIQUE

De Mr. ANSEAUME;

Représenté pour la premiere fois sur le Théâtre de la Foire S. Germain, le 20 Février 1759.

Le prix est de 24 sols avec la Musique.

A PARIS,

Chez N. B. DUCHESNE, Libraire, rue S. Jacques, au-dessous de la Fontaine S. Benoît, au Temple du Goût.

M. DCC. LIX.

Avec Approbation & Privilége du Roi.

ACTEURS.

CENDRILLON,	Mlle. Villemont.
LA MARAINE,	Mlle. Constantin.
LA SŒUR AINÉE,	Mlle. Vincent.
LA SŒUR CADETTE,	Mlle. Deschamps.
AZOR,	M. LaRuette.
PIERROT,	M. Paran.
UN OFFICIER,	M. Delisle.
UN SUISSE,	M. Moreau.
CHŒUR DE FEMMES.	

La Scene est dans la maison de Cendrillon, & ensuite dans le Palais d'Azor.

CENDRILLON.

OPERA-COMIQUE.

SCENE PREMIERE.

CENDRILLON *seule.*

Air : *La sagesse est de bien aimer* N°. 1.

DES rigueurs d'un cruel destin, }(*bis.*)
Aurai-je toujours à me plaindre ?
Un foible espoir me luit en vain ,
Je n'en ai pas moins tout à craindre.
Des rigueurs d'un cruel destin ,
Aurai-je toujours à me plaindre ?

Récitatif. De M. de la Ruette. N°. 2.

J'ai joüi cette nuit du spectacle enchanteur,
Qu'étale aux yeux la Cour la plus brillante ;
Un Prince à mes genoux exprimoit son ardeur....
Il ne me reste , hélas ! de toute ma grandeur ,
Qu'un souvenir qui me tourmente.

A ij

CENDRILLON,

Air : *De tous les Capucins du Monde.*

J'apperçois venir ma Maraine,
Sa préfence augmente ma peine ;
A fes loix j'ai défobéi ;
Quel reproche elle va me faire !
Seule fenfible à mon ennui,
Elle me tenoit lieu de mere.

SCENE II.

LA MARAINE, CENDRILLON.

LA MARAINE.

Air : *Le moyen de faire autrement.* Du Peintre
amoureux. N°. 3.

AH ! dans quel état je vous voi !
Ne cherchez point d'excufe ;
Je devine aifément pourquoi
Vous n'avez point fuivi ma loi.

CENDRILLON.

Il eft vrai, j'en fuis confufe,
J'en fuis confufe.

LA MARAINE.

Ah ! vraiment, je le croi :
Mais pourquoi ce manque de foi,

Ce manque de foi ?
Fillette toujours raisonne,
Et n'écoute personne,
Quand on s'oppose à son penchant.

CENDRILLON.

Non, non, c'est que, ma Bonne,
Je n'ai pas pû faire autrement.   (bis.)

LA MARAINE.

Il falloit n'en croire que moi ;
Il falloit mieux suivre ma loi.

CENDRILLON.

Il est vrai, mais ma folie
Est bien punie ;
Un moment ! ....

LA MARAINE.

Un moment
Fait effet :
On s'y plaît,
On s'en fait
Un amusement.

CENDRILLON.

Pardon, ma Bonne,
Pardon, ma Bonne,
Je n'ai pas pû faire autrement.

LA MARAINE.

Oui ! oui !

CENDRILLON.

Pardon, ma Bonne,
Je n'ai pas pû faire autrement. } (bis.)

LA MARAINE.

Air : *Si Diogène étoit réputé sage.*

Par un effet de mon pouvoir magique,
Pour relever l'éclat de vos appas,
Je vous ai mis un habit magnifique,
Nombreux cortége accompagnoit vos pas.
Je n'éxigeois de votre obéissance
Que de sortir du bal avant minuit ;
Faute d'avoir observé ma défense,
De mes bontés vous perdez tout le fruit.

CENDRILLON.

Air : *de M. La Ruette.* N°. 4.

Je le sçais bien,
J'ai tout perdu ;
En moins de rien,
Tout a disparu :
Que le sort me traite,
S'il veut, sans pitié :
Non, je ne regrette
Que votre amitié.

LA MARAINE.

Air : *De tout tems le jardinage.*

Vous me serez toujours chere ;
Ne craignez plus ma colere.

CENDRILLON.

Ah ! que mon cœur est content !

LA MARAINE.

Mais par un aveu sincere,
Je veux sçavoir le mystere
De ce long retardement.

CENDRILLON.

Air : *La Fustemberg.*

Vous m'allez gronder encore.

LA MARAINE.

Non , vous dis-je , ne craignez rien ;
Il faut bien
M'apprendre ce que j'ignore ;
Croyez-moi , c'est pour votre bien.

CENDRILLON.

Je n'en doute pas , Madame.
Il faut donc vous ouvrir mon ame.
Qui m'eût dit qu'un bal ....

LA MARAINE.

Hé bien ! ce bal ?

CENDRILLON.

Dût m'être si fatal !

LA MARAINE.

Que vous me causez d'allarmes !
Mais , comment donc ?
Quelle raison ,   (bis.)
Vous fait verser des larmes ?

CENDRILLON.

J'en ai bien fujet.

LA MARAINE.

Quel eft ce fecret ?
Qu'eft-ce qu'on vous a fait ?

CENDRILLON.

Air : *D'm'avoir inftruit de mon bien.*

J'arrivai dans le Palais
D'aife tranfportée ;
De tout ce que je voyois,
J'étois enchantée,
Un Prince....

LA MARAINE.

Ah ! nous y voilà.

CENDRILLON.

Un Prince s'eft trouvé là.

LA MARAINE.

Vous a-t-il fâchée ?
O gué !
Vous a-t-il fâchée ?

CENDRILLON.

Air : *L'honneur dans un jeune Tendron.*

Le connoiffez-vous ?

LA MARAINE.

Oui, vraiment.

CENDRILLON.

N'eſt-il pas vrai qu'il eſt charmant ?

LA MARAINE.

Si vous voulez même , adorable ;
Laiſſez-là ſon mérite à part ;
Voyons en quoi ce Prince aimable
Auroit pu vous manquer d'égard.

CENDRILLON.

'Air : *Les yeux baiſſés par modeſtie.* N°. 5.

Les yeux vers moi tournés ſans ceſſe ,
Tendrement il me regardoit ,
De ſes regards la douceur & l'yvreſſe
M'inſpiroient ce qu'il reſſentoit;   (*bis.*)
A mes côtés eſt une place ,
Il s'en ſaiſit ;
Il s'enhardit ,
Je m'attendris ;
Je veux le fuir , & je ne puis ;
Je veux fuir & ne puis ,   (*bis.*)
Je veux le fuir , & je ne puis.
Déjà mon trouble augmentoit ſon audace ,
Quand minuit ſonna ,
Et tout finit là.

Air : *Plus inconstant.*

Comme un éclair, soudain je prends la suite ;
En entendant l'heure qui me chassoit ;
On se met à ma poursuite,
Mais en vain on me cherchoit....

Air : *Folies d'Espagne.*

Je n'étois plus ce qu'ils me croyoient être ;
Ils me voyoient sans suite & sans éclat ;
Comment, hélas ! m'auroient-ils pû connoître !
Je m'ignorois moi-même en cet état.

LA MARAINE,

Air : *Le Pont d'Avignon.*

Ce changement n'a rien qui doive vous surprendre ;
Je crains plûtôt pour vous un sentiment trop tendre ;

CENDRILLON.

Air : *Dondaine.*

Je ne sçaurois vous le cacher ;
Je ne sçaurois vous le cacher,
Ce Prince a trop sçu me toucher ;
Je l'aime, je l'aime :
Le croyez-vous épris pour moi de même ?

LA MARAINE.

Air : *De Joconde.*

Si vous l'aviez trop rebuté....

CENDRILLON.
Oh ! non.

LA MARAINE.

Je dois le croire ;
Si vous n'avez rien accordé,
Qui blesse votre gloire.

CENDRILLON.

Je sçais trop ce que je me doi,
Pour me laisser surprendre ;
Il n'a rien obtenu de moi,
Que ce qu'il m'a sçu prendre.

LA MARAINE.

Air : *Des Francs-Maçons.*
Et que vous a-t-il pris ?

CENDRILLON.

Ma Bonne...
Que dire, hélas !

LA MARAINE.
Répondez-moi, je vous l'ordonne ?

CENDRILLON.
Quel embarras !

LA MARAINE.
Et pourquoi donc ces sots scrupules ?
Surtout craignez de me tromper.

CENDRILLON.

Il m'a pris une de mes mules,
Qu'en fuyant j'ai laissé tomber.

Air : *Entre l'Amour & la Raison.*

Je n'en ai plus qu'une à présent.

LA MARAINE.

Consolez-vous , ma chere Enfant ;
On peut réparer ce dommage ;
Au fond je n'y vois pas grand mal.
Que de Beautés sortant du Bal
Ont souvent perdu davantage !

Air : *Quand je tiens de ce jus d'Octobre.*

Vos Sœurs en reviennent sans doute ;
Ce bruit annonce leur retour ;
Rentrez, & quoi qu'il vous en coûte ;
Tâchez de vaincre votre amour.

(*Elles sortent.*)

SCENE III.
LES DEUX SŒURS.
L'AINÉE.

Air : *Non , je n'aimerai jamais que vous.*

RIEN , en vérité n'est si plaisant ;
Nos appas ont fait fortune assurément :

Rien, en vérité, n'est si plaisant.
A chaque moment,
C'étoit nouveau Galant.
Ce gros Caissier qui croyoit me connoître,
M'a-t-il tenu des propos assez doux ?

LA CADETTE.

Ce Sénateur, en léger Petit-Maître,
M'a-t-il assez étalé ses bijoux ?
Rien, en vérité, n'est si plaisant ;
Nos appas ont fait fortune assurément :
Rien, en vérité, n'est si plaisant.
A chaque moment,
C'étoit nouveau Galant.

Air : *Tout roule aujourd'hui dans le monde.*

Mais cela ne me touche guere ;
Je dédaigne de tels objets.

L'AINÉE.

Sans crainte de passer pour fiere,
Je porte plus haut mes projets.
Le destin qui pour moi s'apprête
Flatte mon cœur ambitieux.

LA CADETTE.

Une plus illustre Conquête
Peut seule contenter mes vœux.

L'AINÉE.

Air : *Avec un air de mystere.*

Un Amant pour moi soupire,

Dont je dois taire le nom.

LA CADETTE.

Quelqu'un, que je n'ose dire,
De son cœur m'a fait le don.

L'AINÉE.

Mais à t'en faire un mystère,
Mon amitié souffriroit.

LA CADETTE.

Pour une Sœur aussi chere,
Puis-je avoir quelque secret ?

L'AINÉE.

Air : *Tout consiste dans la maniere.*

Si j'obtiens ce que je désire,
Vous en sentirez les effets.

LA CADETTE.

Si j'atteins le but où j'aspire,
C'est pour combler tous vos souhaits.

L'AINÉE.

Oui, disputons cet avantage
Entre nous deux ;
Le bonheur qu'ainsi l'on partage
Se goûte mieux.

LA CADETTE.

Air : *Tomber dedans.*

Quel est ce captif glorieux,

Qu'Amour met en votre puiſſance ?

L'AINÉE.

Quel eſt cet Amant dont les feux
Enflent ſi fort votre eſpérance ?

LA CADETTE.

Devinez.

L'AINÉE.

Non , dites-le moi.

LA CADETTE.

Ma chere , c'eſt le Fils du Roi.

L'AINÉE.

Le Fils du Roi !
Le Fils du Roi !

LA CADETTE.

Et oui vraiment , le Fils du Roi.

L'AINÉE.

Air : *Mon petit doigt me l'a dit.*

La conquête eſt glorieuſe !

LA CADETTE.

Ne ſuis-je pas bien heureuſe ?
Il veut me donner ſa foi.
C'eſt votre tour à me dire ,
Quel Amant ſuit votre empire.

L'AINÉE.

C'eſt , ma Sœur , le Fils du Roi.

LA CADETTE.

Air : *Dieu des Amans.*

Le Fils du Roi !
Vous raillez , je croi !

L'AINÉE.

Non , vraiment ; rien n'eſt plus véritable.

LA CADETTE.

Je n'en crois rien.

L'AINÉE.

Moi , je le crois bien ;
Votre avis ne détruit pas le mien.
Vous êtes fort aimable,
J'en conviendrai ; mais,
Malgré tous vos attraits,
Croyez qu'on eſt capable,
Quand on le voudra,
D'effacer ces traits-là.

LA CADETTE.

Ce n'eſt pas vous.

L'AINÉE.

Ce ſera moi.

LA CADETTE.

Mais il faut être de bonne foi :
Jusqu'à préſent votre beauté,
En vérité,
N'a point trop éclaté.

L'AINÉE.

Petite impertinente !

LA CADETTE.

Eh ! bien , j'avouerai,
Par-tout je publierai,
Que vous êtes charmante ;
Sûre qu'en ce point,
On ne me croira point.

L'AINÉE.

L'AINÉE.

Air : *Jupin dès le matin.*

Vous me poufféz à bout,
Vous cherchez, en tout,
A combattre mon goût ;
Votre humeur
Montre tant d'aigreur,
Qu'à nous féparer,
Il faut vous préparer :
Un excès de fierté,
De vanité,
Sans rime ni raifon,
Vous donne un ton ;
Il femble qu'en ces lieux,
Jeunes & vieux
Viennent fe brûler aux feux
De vos yeux :
Vous voyez cependant,
Le plus fouvent,
Qu'on vous laiffe à l'écart ;
C'eft un hazard,
Quand quelque Freluquet
Daigne foûrire à votre air coquet.

LA CADETTE.

Air : *Plus les Amans vivront.*

Criez tout à loifir :
Un jour à venir,
Je fçaurai répondre ;

B

Je vais, pour vous confondre,
Monter au rang
Qui m'attend.

L'AINÉE.

A ce rang defiré,
On peut me conduire ;
Je vous y préviendrai.

LA CADETTE.

Vous me faites rire !

L'AINÉE.

Cendrillon, que je vois là,
En jugera.

SCENE IV.

LES DEUX SŒURS, CENDRILLON.

LA CADETTE.

Suite de l'air.

Qui de nous deux
Te paroît la plus belle ?

L'AINÉE.

Qui de nous deux
Infpire plus de feux ?

LA CADETTE.

Laiſſez-moi parler.

L'AINÉE.

Taiſez-vous, Perronnelle,
(à *Cendrillon.*)
Sans diſſimuler.…

LA CADETTE.

Oui, conviens que c'eſt elle.

ENSEMBLE.

Ne finirez-vous pas
   Tout ce tracas ?
Il me fatigue fort ;
   Vous ayez tort,
Mais, mais, très-grand tort ;
   D'oſer encor
Prendre un tel eſſor.

L'AINÉE.

Air : *La mort pour les malheureux.*
Décide donc entre nous.

CENDRILLON.

Que voulez-vous ?

LA CADETTE.

Je te l'ai déjà dit,
   C'eſt qu'il s'agit.…

L'AINÉE.

De ſçavoir qui des deux
Peut mériter le mieux.

L'hommage d'un Prince amoureux.

LA CADETTE.

Ce Prince eft le Fils du Roi.

CENDRILLON.

Le Fils du Roi !

LA CADETTE.

Il eft épris de moi.

L'AINÉE.

Non, c'eft de moi ;
C'eft de moi , fur ma foi.

LA CADETTE.

Cela fuffit :
Je fçais ce qu'il m'a dit.

L'AINÉE à *Cendrillon.*

Dis-nous donc
Quelque raifon.
Te voilà bien rêveufe !

CENDRILLON à part.

Sûrement ,
C'eft mon Amant ;
Ne fuis-je pas bien chanceufe ?
Ceci pour moi tourne mal.

LA CADETTE.

Cette nuit nous étions au Bal.

CENDRILLON à part.

Au Bal ! c'eft mon Inconftant ,
C'eft mon perfide Amant !

LA CADETTE.

Parle-nous donc , fi tu veux.

CENDRILLON.

Je n'oferois....
Vous avez toutes deux

Mêmes attraits ;
Qui voudroit faire un choix,
Auroit besoin, je crois,
D'y regarder plus d'une fois :
Mais qui sçait si quelqu'Objet,
Bien moins parfait,
De ce beau Prince-là,
N'a pas déjà
Sçu captiver le cœur ?

LES DEUX SŒURS *ensemble.*

Non, non, ma Sœur :
Moi seule ai cet honneur.
LA CADETTE.
Certain Objet, à tout le monde inconnu,
Au Bal s'est pourtant vû.
D'abord le Prince attaché sans cesse à ses pas...
CENDRILLON.
Hé bien ?
LA CADETTE.
Sembloit en faire cas.
CENDRILLON.
Avoit-elle des appas ?
LA CADETTE.
Beaucoup.
L'AINÉE.
Très-peu.
LA CADETTE.
Près d'elle, j'en fais l'aveu,
Vous n'auriez pas beau jeu.
L'AINÉE.
Le méchant esprit !

B iij

LA CADETTE.

Oui , c'est par dépit
Que vous en parlez.

CENDRILLON.

Vous vous querellez
Pour un rien.

L'AINÉE.

Tais-toi ,
Il te sied , ma foi ,
D'oser me faire la loi.

CENDRILLON.

A vos débats ,
Moi , dame , je ne prends aucune part ;
Ne doit-on pas
L'une pour l'autre avoir quelqu'égard ?

LA CADETTE.

Garde tes leçons ;
Adieu , nous verrons
Qui l'emportera.

L'AINÉE.

Oui , oui , l'on verra :
Adieu donc , ma sœur ;
Dans votre grandeur ,
Soyez de meilleure humeur.

(*Elles sortent.*)

SCENE V.

CENDRILLON *seule.*

Air : *Quel amour fut aussi tendre ! De Nina.*

A Me nuire,
   Tout conspire ;
O fort, quelle est ta rigueur !   (*bis.*)
D'Amour un trait me déchire ;   (*bis.*)
Et c'est encore un malheur !   (*bis.*)
   Deux Rivales se déclarent.
Que deviendra mon ardeur ?
Des maux qui sur moi se préparent,
Le plus sensible à mon cœur
Seroit d'aimer un trompeur.
   A me nuire,
   Tout conspire ;
O fort, quelle est ta rigueur !   (*bis.*)
D'Amour un trait me déchire ;   (*bis.*)
Et c'est encore un malheur !   (*bis.*)

SCENE VI.

CENDRILLON, LA MARAINE.

CENDRILLON.

Air : *Au bord d'un ruisseau je file.*

VOYEZ une infortunée.

LA MARAINE.

Quels nouveaux malheurs
Font naître vos douleurs ?

CENDRILLON.

Ne suis-je donc condamnée
Qu'à vivre toujours dans les pleurs ?
Vous avez assez vu , Madame ,
Quel objet a touché mon ame.

LA MARAINE.

Hé ! bien......

CENDRILLON.

Ce funeste vainqueur ,
Que j'adore au fond de mon cœur ,
Peut-être n'est qu'un imposteur ;
Mes Sœurs se disputent l'Amant
Qui cause aujourd'hui mon tourment.

LA MARAINE.

Air : *Grand S. Martin,* ou *la Sarabande d'Issé.*

Vos sœurs ne sont que des ambitieuses :

D'un seul regard
Par hazard
Echappé,
Leur esprit s'est frappé.
Sur tous les cœurs ces orgueilleuses
Croyent avoir
Un absolu pouvoir.
Quand leur beauté surpasseroit la vôtre,
Il est un art qui manque à l'une & l'autre,
Qui seul peut allumer une constante ardeur;
Cet art, c'est la douceur.

Air : *Du Précepteur d'Amour.*

C'est la premiere des vertus
Dont se doit parer une Belle ;
C'est la ceinture dont Vénus
Retient les Amours auprès d'elle.

CENDRILLON.

Air : *Reçois dans ton galetas.*
A juger par leurs discours,
Mes sœurs ont raison de croire
Qu'on les aime.

LA MARAINE.

Vains détours
De sottes qui s'en font accroire:
D'un Prince qui veut s'amuser,
Un mot a pu les abuser.

CENDRILLON.

Air : *Pourvu que Colin, ah ! voyez-vous.*
Mais cependant....

LA MARAINE.

Mais s'il avoit
Une telle manie,
Un jour il se repentiroit
D'avoir fait la folie.

CENDRILLON.

Bon ! si d'un autre il est l'époux ;
Qu'il s'en repente ou non, voyez-vous ;
Je n'en serois, ne vous déplaise,
Gueres plus à mon aise.

LA MARAINE.

Air : *Avec moi vous faites comparaison.*

Mais comment donc l'Amour en peu de tems ;
A fait chez vous des progrès surprenans !

(On entend derriere le Théâtre
un bruit de tambour.)

CENDRILLON.

Air : *Je m'sentois là-dedans.*
Qu'est-ce donc que j'entends ?

LA MARAINE.

Je vous en rendrai compte ;
Demeurez un instant,
Je reviens sur le champ.

CENDRILLON.

D'un amoureux penchant,
Ma Bonne me fait honte ;
Et veux que je surmonte
Ce qui me fait plaisir
Encore à ressentir.

SCENE VII.

CENDRILLON *seule.*

Air : *de M. La Ruette.* N°. 6.

AMOUR, dont je reffens la flâme,
Epargne un foible cœur qui fe livre à tes coups ;
Les traits dont tu bleffes mon ame
Sont-ils l'effet de ton courroux ?
Fais briller à mes yeux un rayon d'efpérance,
Ou rend-moi mon indifférence ;
Mon fort me paroîtra plus doux.

SCENE VIII.

CENDRILLON, LES DEUX SŒURS, UN OFFICIER *du Roi, accompagné d'un Tambour.*

L'AINÉE.

Air : *L'Allemande Suiffe.*

EST-IL bien vrai ?
L'OFFICIER.
Oui, fans délai,
Il faut, Mefdames, que chacune vienne.
LA CADETTE.
Et fçavez-vous

CENDRILLON.

Ce que de nous
Le Roi demande aujourd'hui ?

L'OFFICIER.

Oui.
Le Prince Azor
Fait à la fin un effort ;
Lui, qui d'Amour a toujours fui la chaîne,
Il veut avoir,
Une Epouse dès ce soir,
Parmi les Belles du canton.

LES DEUX SŒURS.

Bon.

L'AINÉE.

Déjà je vois,
Je prévois
Où ce choix
Peut tomber.

LA CADETTE.

Vous pourriez bien vous tromper,
Ma Reine.

L'AINÉE.

Je ne suis pas,
En ce cas,
Seule ici,
Qui pourroit en avoir le démenti.

LA CADETTE.

Si.

L'OFFICIER.

A cet Hymen glorieux,
Vous pouvez bien toutes les deux
Prétendre ;
Certaine épreuve on fera
Qui sur ce point décidera.

LES SŒURS.

Ah !

LA CADETTE.

Quelle est cette épreuve-là ?

L'OFFICIER.

Vous ne pouvez en ce moment l'apprendre ;
Adieu. Ce soir on sçaura
Pour qui sera
Ce prix-là.

LES DEUX SŒURS.

Ah !

L'AINÉE.

Air : *Faut-il qu'une si foible plante.*
A l'insçu de ma Sœur cadette,
Monsieur , dites-moi franchement
Si, dans l'hymen qui se projette,
On parle de moï.

L'OFFICIER.

Non , vraiment.

L'AINÉE.

Vous badinez ?

L'OFFICIER *à part.*

Sur ma parole ,
La pauvre Demoiselle est folle.

LA CADETTE.

Même air.

Sans en rien dire à mon aînée,
Avouez moi , mon cher Monsieur,
Que le Prince , en cette journée,
Va s'expliquer en ma faveur ?

L'OFFICIER.

Nenni.

LA CADETTE.

Vous n'êtes pas sincere.

L'OFFICIER à part.

Oh! parbleu, les deux font la paire.

Air : *Ces Filles font fi fottes.*

Eh! quel est ce joli minois,
Qui nous écoute en tapinois?

L'AINÉE.

C'est une pauvre Fille.

LA CADETTE.

Qui nous visite quelquefois.

L'OFFICIER.

Elle est, ma foi, gentille!   (*bis.*)

CENDRILLON, à part.

Air : *On n'aime point dans nos forêts.*

Eh quoi! mes Sœurs, en ce moment,
Rougissent de me reconnoître !

L'OFFICIER.

Approchez donc, la belle Enfant :
On ne risque rien de paroître,
Quand on possede tant d'appas.

L'AINÉE à *Cendrillon.*

Voulez-vous bien aller là-bas ?

Air : *Du manchon.*

(*à l'Officier.*)

Pour peu que le cœur vous en dise,
Soyez avec nous moins discret :
Comme à nos foins elle est commise,
Votre hymen seroit bien-tôt fait.

L'OFFICIER.

J'accepterois des offres si flatteuses,
Si vous étiez moins curieuses ;

Mais là-deſſus,
Tous vos efforts ſont ſuperflus;
Attendez à ce ſoir,
Pour tout ſçavoir,
Attendez à ce ſoir.

(*Il ſort.*)

SCENE IX.

L'AINÉE, LA CADETTE, CENDRILLON.

L'AINÉE.

Air : *Mariez, mariez-moi.*

Enfin voici le moment,
Où mon triomphe s'apprête;
La main d'un Prince charmant
Va devenir ma conquête;
Préparons, préparons, préparons tout;
Pour briller à cette fête;
Préparons, préparons, préparons tout,
Pour l'affermir dans ſon goût.

LA CADETTE.

Air. *Pour t'avoir, le grivois te guette.*

Par le ſecours de la toilette,
Rendons ma beauté ſi parfaite,
Qu'Azor puiſſe en mes yeux
Retrouver encor de nouveaux feux.

CENDRILLON,

Dieux ! s'il répond à ma tendreſſe ;
Quelle ſera mon allégreſſe !
Cendrillon, dépêchons ; tôt, tôt,
Apportez ce qu'il faut,
Je veux partir bien-tôt.

L'AINÉE.

Air : *T'as l'pied dans le margouillis.*

Oh ! faites comme il vous plaira ;
Sa ſeule affaire
Eſt de me plaire ;
Oh ! faites comme il vous plaira ;
Je retiens Cendrillon pour cela.

Air : *Comme un Coucou.*

Qu'on apporte ici ma toilette,
LA CADETTE.
Qu'on apporte la mienne auſſi,
L'AINÉE.
Je céderois à ma cadette !
LA CADETTE.
Oh ! l'âge ne fait rien ici.

CENDRILLON.

Air : *A l'envers.*

Par qui faut-il que je commence ?

LA CADETTE,

C'eſt par moi.

L'AINÉE.

L'AINÉE.

Oh ! vous voulez prendre l'avance,
Je le voi.
Mais quittez ce fol espoir.

LA CADETTE.

Il faut voir.

(*On apporte deux toilettes
toutes dressées.*)

L'AINÉE.

Air : *On prend femme, c'est l'usage. Noté dans
l'Heureux déguisement.*

Allons vîte qu'on m'arrange.   (*bis.*)

LA CADETTE.

Je vous trouve fort étrange,   (*bis.*)
Cendrillon, venez m'aider,
Laissez-la s'accommoder.

L'AINÉE.

Vous parlez bien à votre aise :
Attendez, ne vous déplaise,
Qu'elle ait posé mes rubans :
Cendrillon n'a pas le tems.   (*bis.*)

LA CADETTE.

Ah ! si vous êtes la maîtresse,
Il est juste qu'on se presse.

L'AINÉE.

C'est vous qui faites la Princesse ;
Tout vous choque, tout vous blesse.

ENSEMBLE.

Madame fait la Princesse, }
Madame fait la maîtresse. } (*4 fois.*)

CENDRILLON.

Si vous parlez toutes les deux,
Comment répondre à vos vœux ? (*3 fois.*)

C

L'AINÉE.

Raisonneuse ! (*bis.*)

LA CADETTE.

Paresseuse ! (*bis.*)

L'AINÉE.

Faut-il, quand on dit un mot,
Que vous soyez de l'écot ?

CENDRILLON.

Me gronderez-vous sans cesse,
Quoique je n'aye aucun tort ?

L'AINÉE.

Encor ?

LA CADETTE.

Aurez-vous bientôt fini ?
Songez-vous que l'heure presse ? (*bis.*)

L'AINÉE.

Si je le sçais ? Vraiment oui ;
Eh ! vraiment oui.
Mais quel démon vous transporte,
De la presser de la sorte ?
Pour finir plus promptement,
Elle m'assomme la tête,
La mal-adroite, la bête !
Elle m'assomme la tête :
(*à Cendrillon.*)
Allez donc plus doucement, (*bis.*)
Plus doucement.

CENDRILLON.

Je ne puis mieux faire,
Mieux faire.

L'AINÉE, *la repoussant.*

Ote-toi de-là.

LA CADETTE, *la repoussant aussi.*

Ote-toi de-là :
Va-t-en, va-t-en, va-t-en, ma chere,
De tes soins on se passera ;
Ote-toi de-là, ma chere ;
Et pour ma sœur garde ce soin,
Je n'en ai plus aucun besoin.   (bis.)

(La Maraine entre ; les deux sœurs
sortent en lui faisant une grande
révérence & en chantant :)

Suivons l'Amour, c'est lui qui nous mene.

SCENE X.

CENDRILLON, LA MARAINE.

LA MARAINE.

Air : Où s'en vont ces gais bergers.

OÙ vont-elles si gaiement ?

CENDRILLON.

Ce n'est point un mystere ;
Vous sçavez l'évenement,
A mon amour contraire.
Azor les mande au Palais.
Quelle triste nouvelle !
Pourra t-il, en voyant tant d'attraits,
Ne pas m'être infidele ?

LA MARAINE.

Air : *Je suis un bon soldat.*

L'espoir qui les conduit,
Les séduit ;
Soyez moins allarmée ;
Vous verrez leurs projets
Sans effets
S'en aller en fumée.

Air : *Pour voir un peu comment ça s'ra.*

Ce sont autant de pas perdus ;
Elles sont bien loin de leur compte ;
J'en sçais plus qu'elles là-dessus ;
Elles n'en auront que la honte.
L'épreuve qu'on doit exiger,
Va les confondre & vous venger.

CENDRILLON.

Air : *Vous voulez me faire chante.*

De quelle épreuve parle-t-on ?

LA MARAINE.

Je ne puis vous le dire ;
Suffit qu'en cette occasion
Rien ne sçauroit vous nuire ;
Vous en aurez tout l'agrément,
C'est moi qui vous l'assure.
Allez au Palais seulement,
Et tentez l'aventure.

Air : *Préparons-nous pour la fête nouvelle.*

Il faut aller disputer la victoire :
Ce jour est celui de la gloire ;
La Fortune & l'Amour veulent vous couronner.

CENDRILLON.

A cet espoir flatteur dois-je m'abandonner ?

LA MARAINE.

Air : *Allarmez-vous.*

Partez, vous dis-je, allez en assurance.

CENDRILLON.

Très-volontiers. Mais....

LA MARAINE.

Quoi ?

CENDRILLON.

Ma Bonne.

LA MARAINE.

Eh ! bien ?

CENDRILLON.

Pour me montrer avec plus de décence,
Ne faut-il pas ?....

LA MARAINE.

Non, non, il ne faut rien.

CENDRILLON.

Air : *Non, je ne ferai pas.*

Eh ! quoi! vous prétendez que parmi tant de Belles,
Dont l'art relève encor les graces naturelles,
Dans l'état où je suis j'irai me présenter !
Azor m'oseroit-il seulement regarder ?

LA MARAINE.

Air : *Les petits riens.*

Votre beauté,
Cet heureux don de la Nature,
Votre beauté,
Vous dédommage avec usure.
N'alterez point par l'imposture
Cette aimable simplicité ;

C iij

La plus élégante parure,
C'est la beauté.

CENDRILLON.

Air : Ne v'là-t-il pas que j'aime ?

Je souscris à vos volontés !
Guidez mon ignorance ;
Je dois répondre à vos bontés
Par mon obéissance.

(*Elles sortent.*)

(*Le Théâtre change, & représente l'appartement du Prince.*)

SCENE XI.

AZOR *seul.*

Air : de M. de La Ruette.

O Toi qui me punis de mon indifférence,
Amour, Amour, j'implore ta clémence ;
Mon cœur en ce moment abjure son erreur.
Ah ! si mon repentir désarme ta rigueur,
Fais-moi connoître ce que j'aime ;
Fais encor plus pour mon bonheur,
Fais que j'en sois aimé de même.

SCENE XII.
AZOR, PIERROT.

PIERROT.

Air : *Vous me l'avez dit , souvenez-vous-en.*

VOus qui faisiez l'esprit fort ,
Vous sentez donc votre tort ;
Vous parliez differemment ;
Je vous l'ai prédit , souvenez-vous-en ,
Je vous ai prédit qu'Amour
Vous joueroit un mauvais tour.

AZOR.

Air : *Je ne sçais pas écrire.*

Mon ordre a-t-il été suivi ?

PIERROT.

Seigneur , vous serez obéi ;
On vient de me l'apprendre.
Quel sabbat nous aurons ici !
Toutes nos Dames à l'envi
Ont promis de s'y rendre.

AZOR, *vivement.*

Air : *Je ne verrai plus ce que j'aime.*

Je reverrai donc ma Déesse :
Un Dieu propice à ma tendresse ,
A mes desirs pressans va la rendre aujourd'hui...;

C iv

PIERROT.

Air : *Ici sont venus en personne.*

Par ma foi, vous aurez beau faire ;
Cet objet qui vous a sçu plaire
Ne vous sera jamais rendu.

AZOR.

Pourquoi donc ?

PIERROT.

C'est quelque chimere,
Une ombre, un être imaginaire ;
Hier, quand elle a disparu,
On a cherché tant qu'on a pu,
Elle s'est trouvée.... introuvable :
Pour moi je crois que c'est le Diable
Qui sous ce minois simple & doux,
S'est voulu divertir de vous.

Air : *De l'horoscope accompli.*

Laissez-donc là cette chaussure ;
à quoi peut elle vous servir ?
Croyez-vous y voir la figure
Du Tendron qui vous fait souffrir ?

AZOR, *tenant la mule.*

Vois, Pierrot, quelle gentillesse !

PIERROT.

Je vois plutôt votre foiblesse.

AZOR.

Le joli pied ! ah ! qu'il me plaît !

PIERROT.

Oui, mais tient-il ce qu'il promet ?

Air : *Boire à son tour.*

Par cet échantillon,
Vous jugez d'une Belle ;
Vous perdez la raison :
Pardonnez à mon zele ;
Mais, en honneur,
C'est une erreur ;
Souvent le pied le plus mignon
Sert à porter une laid'ron,
Une laid'ron.

AZOR.

Air : *Que ne suis-je la jonquille ! ou, l'Amant frivole.*

Je me suis fait à moi-même
Les reproches les plus forts ;
Du destin la loi suprême,
Triomphe de mes efforts.
Loin de blâmer ma tendresse,
Sers plûtôt, sers mon ardeur ;
Et respecte une foiblesse,
Où j'attache mon bonheur.

PIERROT.

Air *Lassi, lasson, la son bredondaine.*

J'y ferai diligence,
Comptez, comptez sur ma vigilance :
J'y ferai diligence.
(*On entend un bruit confus de plusieurs
femmes derriere le Théâtre.*)

SCENE XIII.

PLUSIEURS FEMMES *derriere le Théâtre*, **UN SUISSE** *défendant la porte*, **AZOR** , **PIERROT**.

PIERROT.

Mais qu'eſt-ce que j'entend ?
LE SUISSE *repouſſant les femmes.*
Doucement , doucement , doucement.

PIERROT.

Ah ! quel charivari,
Nous allons voir ici !
Un régiment de Belles ,
En beaux atours, en modes nouvelles ;
Malgré les Sentinelles ,
Entrent dans le moment.
LE SUISSE.
Doucement , doucement , doucement;

CHŒUR DE FEMMES.

Air : *Ah ! Madame Anroux.*

C'eſt l'ordre du Roi ;
Monſieur , laiſſez-moi ,
Paſſer , je vous prie.
C'eſt l'ordre du Roi ;

Je vous en supplie,
Monfieur, laiffez-moi.

LE SUISSE.

Si vous n'y prenir garde,   (bis.)
Moi, de mon hallebarde,
Je donne uh coup à toi.

CHŒUR DE FEMMES.

C'eft l'ordre du Roi ;
Monfieur, laiffez-moi.

LE SUISSE.

Perfonne n'y paffe.

CHŒUR.

C'eft l'ordre du Roi.

LE SUISSE.

Je ferai main baffe,
Jarni, par mon foi.

(*Toutes les femmes entrent.*)

SCENE XIV.

CŒUR DE FEMMES, AZOR, PIERROT.

PIERROT.

Air : *Laffi, laffon, la fonbredondaine.*

Voici nos Afpirantes ;
Voyez, voyez ; qu'elles font charmantes !
Voici nos Afpirantes ;
Défendez bien, Seigneur,

Votre cœur,
Votre cœur.

Air : *Sexe charmant dont le partage.*

Aimez-vous la Blonde ou la Brune ?
Ici l'on a de quoi choisir.
Ne les faites donc pas languir.
(à part.)
Pourquoi faut-il n'en prendre qu'une ?
J'en vois beaucoup qui dès ce soir,
Accepteroient bien le mouchoir.

LA SŒUR AINÉE à *Azor.*

Air : *Je donnerois les revenus.*

Je viens, Seigneur.....
LA CADETTE.
Avec grande impatience....
L'AINÉE.
Jouir d'un honneur....
LA CADETTE.
J'ai couru, Seigneur.....
L'AINÉE.
Pour moi bien flatteur.
LA CADETTE.
Si-tôt votre ordre venu....
L'AINÉE.
L'aurois-je jamais cru ?
LA CADETTE.
J'ai fait diligence.
L'AINÉE.
Ce jour précieux....

LA CADETTE.
Moment trop heureux !
L'AINÉE.
Comble tous mes vœux.
LA CADETTE.
Quel doux espoir....
L'AINÉE.
Pour moi quelle gloire....
LA CADETTE.
J'ose concevoir !
L'AINÉE.
D'être en votre mémoire !
LA CADETTE.
Tant de Belles à la cour....
L'AINÉE.
Aussi ma reconnoissance....
LA CADETTE.
Peuvent briguer votre amour....
L'AINÉE.
Vous assure du retour.
LA CADETTE.
Que je n'osois me flatter....
L'AINÉE.
Excusez mon imprudence.
LA CADETTE.
D'avoir sçu le mériter.
L'AINÉE.
Le zèle a sçu m'emporter.
AZOR à *Pierrot.*
Air : *Morgué, la femme qui m'aura.*
Je n'entends rien à ce jargon.
PIERROT.
Ni moi non plus, je vous répond ;

CENDRILLON,

Ce sont deux sœurs qui, cette nuit,
   Au Bal ont fait du bruit;
Qui, d'abord qu'on les regardoit,
Croyoient que l'on leur en contoit;
   Qui toujours minaudant,
   Toujours vous abordant,
Sembloient vous dire; allons, Seigneur,
Humanisez donc votre cœur. (*bis.*)

AZOR *aux Sœurs.*

Air : *Paris est en grand deuil.*

Un tel empressement
  Me flatte infiniment.,,
(*à Pierrot.*)
  Tâche de m'en défaire,

PIERROT *aux Sœurs.*

Le Prince, en vérité...
Se trouve,....très-flaté..,,
(*à part.*)
  Je ne sçais comment faire.

Air : *La Carmagnole.*

(*au Prince.*)
   Nous ne sommes pas
   Hors d'embarras;
   Toutes vont venir,
   Et vous tenir
   Même langage;
   Nous ne sommes pas,
   Hors d'embarras;
Toutes vont bientôt vous tomber sur les bras.

Air : *Du Précepteur d'amour.*
Il faut pour vous débarraffer
De cette foule ridicule,
Il faut, vous dis-je, commencer
A faire l'effai de la mule.

SCENE XV.

Les Acteurs Précédens, CENDRILLON,
SA MARAINE.

LA MARAINE.

Air : *La voici, tôt décampons.*

ENTREZ donc.
CENDRILLON.
Non, j'ai trop peur ;
Je fens palpiter mon cœur.
LA MARAINE.
Qui peut vous caufer un tel effroi ?
CENDRILLON.
C'eft que l'on va fe moquer de moi.
LA MARAINE.
Point tant de difcours,
Avancez toujours.
CENDRILLON.
Guidez donc mes pas ;
Ne me quittez pas.
LA MARAINE.
Ah ! que de façon !

CENDRILLON.

Ma Bonne, venez donc.

CHŒUR DE FEMMES.

Air : *Oh, oh, tourelouribo !*

Quelle Nymphe se présente !
Oh, oh, tourelouribo !
Voyez donc qu'elle est charmante !
Oh, oh, tourelouribo !
En honneur, elle m'enchante.
Oh, oh, oh, tourelouribo !

L'AINÉE *à Cendrillon.*

Air : *Tarare ponpon.*

Que venez-vous chercher, petite Téméraire ?
Osez-vous vous montrer avec ces haillons-là ?
LA CADETTE, *à Cendrillon.*
Sors, ou crains ma colere.
LA MARAINE.
Non, elle restera.
AZOR *à Pierrot.*
Pierrot, fais-les donc taire.
PIERROT.
Paix-là !

AZOR *à Cendrillon.*

Air : *Des Proverbes.*

Venez, venez. (*à part.*) Que d'appas ! qu'elle est belle !
(*à Cendrillon.*)
Venez, venez ; bannissez la frayeur.

(*à part.*)

(à part)
Quel feu nouveau vient m'enflâmer pour elle !
Quel nouveau trait perce mon cœur !

LA MARAINE, *à Azor.*

Air : *Dans un Couvent bien-heureux.*

A notre témérité
Daignerez-vous faire grace ?
Et n'est-ce point trop d'audace ?

AZOR.

Ah ! j'en suis trop enchanté.
Si quelqu'Objet peut s'attendre ;
A m'enchaîner sous ses loix ;
Vous seule y pouvez prétendre,
Vous seule fixez mon choix.

PIERROT *à Azor.*

Air : *Belle Brune.*

Et la mule ?
Et la mule ?
Seigneur,
Un peu moins d'ardeur,
Qui trop avance, recule ;
Et la mule ?   (bis.)

(à Cendrillon & aux autres.)

Air : *Le Corbillon.*

Ce n'est pas assez pour lui plaire,
D'avoir beaux yeux, belle bouche, beaux bras ;

D

Jambe fine & taille légere,
Sont des beautés qui ne le flattent pas.
Il faut pour gagner son amitié,
Un joli petit,

(*Montrant la mule.*)

Un petit joli,
Un joli gentil petit pied.

AZOR.

Air : *Non, je ne crois pas.*

Non, je ne sçaurois
Risquer à perdre tant d'attraits ;
Non, non, non, je ne sçaurois
Remettre au sort de si chers intérêts.
Je ne veux devoir qu'à l'Amour,
Le prix que j'attends en ce jour.
Ce Dieu lui-même,
Dans l'Objet que j'aime,
M'assure un bien suprême.
Non, je ne sçaurois
Risquer à perdre tant d'attraits ;
Non, non, non, je ne sçaurois
Remettre au sort de si chers intérêts.

(*à Cendrillon.*)

Air : D'Eglé. *Que je vous aime !*

Oui, je vous aime :
Mais quel sera le prix de cette ardeur extrême ?
Vous pouvez d'un seul mot dissiper mes ennuis.

CENDRILLON.

Seigneur....

AZOR.

Vous balancez.... parlez....

CENDRILLON.

Non, je ne puis.

AZOR.

Que je vous aime!

CENDRILLON.

Eh! bien, oui, je vous aime.

PIERROT.

Air : *Tout est dit.*

Voilà, ma foi, ce qui s'appelle ;
Mener l'Amour tambour battant ;
Sans en faire à deux fois, la Belle ;
D'un plein saut, court au dénouement ;
Mais laissons-les s'assurer de leurs flâmes,
En pareil cas, un témoin toujours nuit :
Adieu, Mesdames,
Tout est dit.

L'AINÉE.

Air : *Comment donc a-tu réussi ?*
Cette petite Cendrillon !

LA CADETTE.

Cette petite Cendrillon !

LA MARAINE.

De deux sœurs est-ce-là le ton ?
Apprenez l'une & l'autre
A respecter son rang & son nom ;
Ils valent bien le vôtre.

D ij

Air : *Bouchez, Nayades.*

Mais vous l'avez trop outragée ;
Il est tems qu'elle soit vengée.
Demeurez encor un instant,
Je vais vous la faire connoître.
Pour le sort le plus éclatant,
Sçachez que les Dieux l'ont fait naître.

Air : *J'ai, sans y penser.*

Si le Prince Azor,
   Voyoit encor
   Son Inconnue ? ....
Dans ce jeune Objet,
S'il la retrouvoit trait pour trait ? ....
   Un charme secret
La déroboit à votre vûe ;
Mais à votre amour ,
Je la rends en ce jour.

AZOR.

Air : *C'est chez vous.*

Quoi ! c'est vous
Qui m'inspiriez les transports les plus doux ?
Quoi ! c'est vous ? ...

LA MARAINE.

Air : *Vraiment, ma Commere, oui.*

Reconnoissez-vous ceci ?
           (*Montrant l'autre mule.*)

PIERROT.

Vraiment, ma Commere, oui :
Tenez, voilà la pareille.
Quelle est donc cette merveille !
Je me perds dans tout ceci.

CHŒUR *de M. La Ruette.*

AZOR, CENDRILLON, LA MARAINE.

'Aux plus tendres ardeurs,
Livrons, livrons nos ⎱
Livrez, livrez vos ⎰ cœurs ;

L'Amour ⎰ nous ⎱ engage,
⎱ vous ⎰

L'Hymen va ⎰ nous ⎱ unir,
⎱ vous ⎰

Quel plaisir ! Quel plaisir !
Toujours plus amoureux,
Serrons, serrons ⎱
Serrez, serrez ⎰ les nœuds,

Qui vont ⎰ nous ⎱ rendre heu-
⎱ vous ⎰ reux !

LES DEUX SŒURS.

Aux plus noires fureurs ;
Livrons, livrons nos cœurs ;
La honte, la rage,
Est notre partage ;
Ah ! c'est trop en souffrir !
Fuyons, fuyons ces lieux,
Et délivrons nos yeux,
D'un spectacle odieux.

N.° 1.

Des ri-gueurs d'un cruel des-tin

Aurai-je toujours à me plain- dre?

Des rigueurs d'un cruel destin, Aurai-je tou-

jours à me plain-dre? Un foible

es- poir me luit en- vain, Je n'en ai pas

moins tout à craindre, Je n'en ai pas

moins tout à crain- dre.

RECITATIF, par Mr. LA RUETTE.

Nº 2.

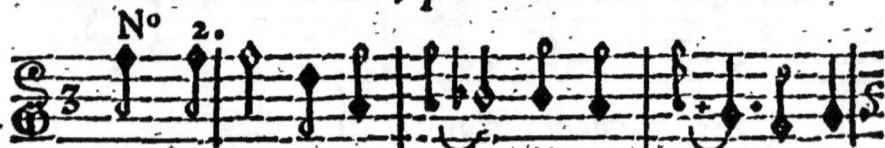

J'Ai joui cette nuit du spec- tacle enchan-

teur, Qu'é-tale aux yeux la cour la plus bril-

lan- te. Un Prince à mes gé-

noux expri- moit son ar- deur. Il

ne me reste hé- las! de toute ma gran-

deur Qu'un souve- nir qui me tour-men- te.

Nº 3. La Maraine.

AH! dans quel état je vous voi! Ne

D iv

cherchez point d'excufe. Je de-vine ai-fément pour-

Cendrillon.

quoi Vous n'a-vez point fui-vi ma loi. IL eft

vrai; j'en fuis confu-fe, j'en fuis con-fufe.

La Maraine.

OH! vraiment je le croi, je le croi, Mais pour

quoi, mais pourquoi Ce manque de foi, ce manque de

foi? Fil-lette toujours raifonne, Et

n'é-coute per-fonne, Quand on s'oppofe à fon pen-

Cendrillon.

chant. NOn, non; c'eſt que, ma Bonne, C'eſt que, ma

Bonne, Je n'ai pas pû faire autrement, Je n'ai pas

La Ma raine.

pû faire autrement. IL falloit n'en croire que

Cendrillon.

moi, Il falloit mieux ſuivre ma loi. IL eſt

vrai: mais ma fo- li- e Eſt bien pu- nie:

La Maraine.

ſun moment... UN moment fait ef- fet; On s'y

Cendrillon.

plaît, On s'en fait un a- mu-ſement. PArdon, ma

Bonne, Pardon, ma Bonne, Je n'ai pas pû faire

La Maraine. Cendrillon.

autrement.   Oui, oui, Pardon, ma

Bonne, Pardon, ma Bonne, Je n'ai pas pû faire

autre-ment, Pardon, ma Bonne, Pardon, ma

Bonne Je n'ai pas pû faire autre-ment.

AIR, par Mr. La Ruette.

N° 4.

Je le sçais bien, J'ai tout per-du.

En moins de rien tout a dispa-ru: Que le

sort me traite, S'il veut, sans pi- tié, Non,

non, je ne re- grette Que votre a- mi- tié,

Non, non, je ne re- gret- te Que votre

a- mi- tié, Que votre a- mi- tié.

AIR, par Mr. LA RUETTE.
N° 5.

LEs yeux vers moi tour- nés

sans cef- fe, Tendre- ment il me regar-

doit, Il me- re-gat-doit; De fes re-gards la dou-

ceur & l'i- vreffe ,   & l'i- vreffe, M'infpi-

[roient ce qu'il reffen- toit , M'infpiroient ce qu'il

reffen- toit ;   A mes cô- tés eft u- ne

place ,   Il s'en fai- fit ;   Il s'enhar-

dit ,   Je m'atten- dris, Je m'at- ten- dris,

Je veux le fuir , &   je   ne puis, Je veux

fuir, & ne puis, Je veux fuir & ne puis, Je

veux le fuir, & je ne puis. Dè-jà mon

trouble augmen-toit son au- da-ce, Quand mi-

nuit son-na, Et tout fi-nit là: Dè-

jà mon trouble augmentoit son au- da-ce,

Quand mi-nuit son-na, Et tout fi-nit

là, tout fi-nit là, tout fi-nit là.

AIR, par Mr. LA RUETTE.

Nº 6.

A-Mour, dont je ref-sens la flamme, É-

pargne un foible cœur qui se livre à tes

coups, É-pargne un foible cœur qui se

livre à tes coups. Les traits dont tu blesses mon

a me Sont-ils l'ef- fet de ton courroux,

Sont- ils l'ef- fet de ton cour-roux ? Fais bril-

ler à mes yeux un ray-

on d'efpe- ran- ce, Ou rends moi mon in diffe-

rence, Mon fort me pa- roîtra plus doux. A &c.

F I N.

_____

APPROBATION.

J'AI lû, par ordre de Monfieur le Lieutenant Gé- néral de Police, *Cendrillon*, Opera-Comique, & je crois que l'on peut en permettre la repréfentation & l'im- preffion. A Paris ce 9 Février 1759.
        CRÉBILLON.

Le Privilége & l'enrégiftrement fe trouvent au Tome I. du Nouveau Théâtre de la Foire, ou Nouveau Recueil des Pieces repréfentées fur le Théâtre de l'Opera-Comique de- puis fon rétabliffement jufqu'à préfent.

Catalogue de Musiques nouvelles relatives aux Pieces de Théâtres & autres.

L'Amusement des Dames, ou Recueil des Menuets, Contre-Danses, Vaudevilles, Rondes de Table, 10 parties, 1 vol. in-8.   12 l.

La Toilette de Vénus dressée par l'Amour, contenant des Menuets, Contre-Danses, Vaudevilles, 10 parties, 1 vol. in-8.   12 l.

Le passe-tems agréable & divertissant, Vaudevilles, Rondes de Table, Duo, Brunettes & autres, 10 parties, 1 vol in-3.   12 l.

Les Desserts des petits Soupers de Madame de . . . 10 parties 1 vol. in-8.   12 l.

L'Année Musicale, contenant un Recueil de jolis airs, parodies, en 10 part. formant 2 vol in-8.   24 l.

Les Thémiréides, ou Recueil d'Airs à Thémire, 3 parties, par M l'Abbé de l'Attaignant.   3 l. 12 s.

Amusemens champêtres, ou les Aventures de Cythere, Chansons nouvelles à danser, 2 parties.   2 l. 8 s.

Recueils d'Airs & Menuets, Contre-Danses, Parodies chantés sur les Théâtres de l'Académie Royale de Musique, & de l'Opéra-Comique, 17 parties, chaque partie se vend séparément   1 l. 4 s.

Recueils des Menuets, Contre-Danses & Vaudevilles chantés aux Comédies Françoise & Italienne, 13 parties.   15 l. 12 s.

Le Troc, Parodie des Troqueurs, avec toute la Musique.   3 l. 12 s.

Airs choisis des Troqueurs.   1 l. 4 s.

Ariettes du Medecin d'Amour.   2 l. 8 s.

Ariettes de l'heureux Déguisement.   2 l. 8 s.

Airs choisis de la Bohemienne.   1 l. 4 s.

La Musique de la Pipée.   1 l. 10 s.

Ariettes de Ninette à la Cour, 4 parties,   6 l. 18 s.

Musique de la soirée des Boulevards.   1 l. 4 s.

Menuets nouveaux en Concerto, Contre-Danses, 4 parties.   4 l. 16 s.

Les Loix de l'Amour, ou Recueil de differens Airs, 3 parties.   3 l. 12 s.

Cantatille nouvelle des Talens à la mode, de M de Boissi.   1 l. 4 s.

Choix de differens morceaux de Musique, 2 part   2 l. 8 s.

Le volume se vend 12 livre, & le cahier 24 sols; le tout, séparément.

www.ingramcontent.com/pod-product-compliance
Lightning Source LLC
LaVergne TN
LVHW022121080426
835511LV00007B/944